SAID

Wo ich sterbe ist meine Fremde

SAID
Wo ich sterbe ist meine Fremde

Gedichte

P. Kirchheim

SAID • Postfach 43 10 18, 80740 München
Weitere Veröffentlichungen: *Liebesgedichte von SAID* 1981,
Ich und der Schah • *Die Beichte des Ayatollah* Hörspiele 1987,
Dann schreie ich bis Stille ist 1990, *Selbstbildnis für eine ferne
Mutter* 1992, *Der lange Arm der Mullahs* 1995, *Sei Nacht zu
mir*, Dieses Tier, das es nicht gibt

5. Auflage 2000
© 1987 P. Kirchheim Verlag, München
Alle Rechte vorbehalten
Umschlagentwurf: Hanno Rink
Gesetzt aus der 10/12 Punkt Walbaum:
Uhl + Massopust, Aalen
Herstellung:
Libri Books on Demand
Printed in Germany
ISBN 3-87410-025-1

Wer das Exil kennt, hat manche Lebensantworten erlernt,
und noch mehr Lebensfragen.
Zu den Antworten gehört die zunächst triviale Erkenntnis,
daß es keine Rückkehr gibt, weil niemals der Wiedereintritt in einen Raum
auch ein Wiedergewinn der verlorenen Zeit ist.

Jean Améry

Wo ich sterbe ist meine Fremde

Für Manutschehr Hamedi,
der gefallen ist gegen den Schah!
Für Salar Schams Borhan,
der gefallen ist gegen Chomeini!

Am Anfang

Exil.
Ich und das Flugzeug.
Einsteigen. Sitzen. Anschnallen. Auffliegen.
Noch nie war ein Eisenvogel
so irdisch zu mir.
Noch nie war ein Vogel
so langsam wie dieser.
Abendessen. Eine Zigarette. Und der Schlaf.
Die Müdigkeit von vielen Nächten der Verbannung –
die Müdigkeit von 5111 Nächten.
Der Schlaf kam ohne Träume –
wozu träumen
jetzt?

Land in Sicht

Grundlos aufwachen und
Tausende von Kerzen unter den Füßen spüren –
zu meiner Begrüßung gezündet
                              in der Nacht.
Teheran,
flüstern meine ungläubigen Lippen.
Teheran,
wiederholen meine müden Hände.
Ein Fenster nur trennt uns.

Die Landung

Auf dieser Erde hatte ich
sie mir härter vorgestellt.
Zu lange
waren wir gewöhnt,
zu landen und zu brechen.

Vor dem Ausgang

Zwei Frauenhände aus einer dunkelblauen Uniform:
Eine Tür wird geöffnet –
wie verschlossen sie war
all diese Jahre.

Die ersten Gehversuche

Diese Erde
ist nicht naß,
aber auch nicht besonders freundlich.
Was widersprechen mir
meine traumbeglückten Füße?

I. Empfang

Flughafengebäude.
Ein Soldat,
Gewehr bei Fuß,
salutiert mir
und zwinkert mit einem Auge.
Dieses Auge kennt
die Tränen der Heimkehrer –
schlecht geweint und ungeschützt.

II. Empfang

Paßkontrolle.
Ein Zeigefinger
sucht in einem Buch mit vielen Namen.
Ein Zeigefinger
erinnert mich an andere Orte.
Das Dröhnen eines Stempels
behauptet:
Ich bin kein Fremder mehr.

III. Empfang

Zollkontrolle.
Eine Hand zeigt auf meinen Koffer.
»Nichts als Erinnerungen,
gezüchtet und gepflegt.«

Die Hand nimmt sie mir ab.
»Du brauchst sie hier nicht und
wir können sie jetzt nicht gebrauchen.«

Auf die Straße getreten
(um 5 Uhr in der Früh')

Der Straßenkehrer
bespritzt die Straße mit Wasser,
bevor er sie kehrt.
Wie ein Mann,
der die Brotreste mit Wasser bespritzt,
bevor er sie verzehrt.

Dem Heimkehrer
die Straße!
Dem Straßenkehrer
das Brot!

Wie gütig
die Passanten sind –
sie sprechen Persisch!

In der Stadt

Den Freund,
der mich abholt,
bitte ich, langsamer zu fahren.
Meine Augen brauchen Zeit,
um sich zu erinnern,
um sich zu vergewissern.

Die Angst,
den ersten Unbekannten
in dieser Sprache anzusprechen,
verflog, als er mir
wortlos die Zigarette aus der Hand nahm
und damit seine eigene ansteckte.

Welch eine Freude!
Hier schreibt man meinen Namen,
ohne daß ich ihn buchstabieren muß.

Geliebte,
hier hat jede Straße ihren Geruch,
jede Gasse ihre Geräusche.
Zum Essen kommt unverlangt ein Glas Wasser,
und die Gossen stinken.
Meine Sinnesorgane rächen sich
für die geruchlosen Jahre.
Jetzt wäre ich dir
unerträglich.

Schon wie ich die Adresse angebe,
spürt der Taxifahrer mein Fremdsein.
Wir kommen ins Gespräch
und tauschen Zigaretten und Erfahrungen:
14 Jahre Exil
gegen
3 Jahre politische Haft.
Als wir ankommen,
lehnt er mein Geld ab:
»Nun kommst du nach so vielen Jahren,
und ich nehme Geld von dir?«

Die Haustür ist offen,
und der Gang ganz dunkel.
Meine verwestlichte Hand
findet keinen Schalter
links neben der Tür.

Der Kübelmann verkauft Wasser

Die Messingschale,
gekettet an den Kübel
mit getrübtem Wasser,
wandert von Hand zu Hand.

Unhygienisch?

Ich trinke
und verlasse mich
auf das Gedächtnis meiner Eingeweide.

Immer wieder

Immer wieder
umarmen wir uns,
umarmen den Glauben fest,
Daß wir hier sind.

Immer wieder
das alte Lied der Emigranten:
»Wenn wir zurückkehren,
gehören uns alle Gassen,
alle Gassen.«
Die Emigration hält jung.

Die Revolution bemüht sich
um die Auslieferung des Schah.

Was machen wir mit ihm?

Leserbrief an eine Tageszeitung:

»Steckt ihn in eine Livreé
und stellt ihn vors Parlament,
damit er die Gesetze hütet –
lebenslänglich.«

Geliebte,
der Straßenverkehr ist hier katastrophal
und wird vom nächsten Gemüsehändler
mit viel Güte und Witz geregelt.
Und ich habe
noch keinen Unfall gesehen.

In einem verstaubten Buchladen
suche ich nach längst vergriffenen Titeln.
Eine junge Frau im schwarzen Schleier
tritt ein und fragt
nach der letzten Nummer von BURDA.

Der Anblick von zwei Halbwüchsigen –
                           kaum 16 Jahre alt –
in olivgrünem Kampfanzug und roten Turnschuhen,
Maschinengewehre um die Schulter,
die auf und ab gehen
und Ausschau halten
nach Revolutionsgegnern und schönen Mädchen.
Wer kann sie noch aufhalten?

Nach vier Jahren Gefängnis
kommt der Sohn nach Hause.
Beim Abendessen verteidigt
der Vater mit bitterem Zorn
die neue Ordnung
                    gegen den Sohn.
Früher setzte der Graben
vor der Türschwelle an –
heute zieht er sich
durch die Wohnstube durch.

Tag des Referendums
2. April 1979

Zum ersten Mal in meinem Leben
darf ich wählen –
zwischen Islamischer Republik
und nichts.
Ich behalte meine Stimme für mich –
für den nächsten Schrei.

Deutsch gesprochen
in der Aprilluft von Teheran.

»Ist das die Stadt,
von der du erzähltest?«
»Ja, meine Freundin!
Hier ist sie.
Siehst du sie nicht?«

Vergeblich suche ich
den ganzen Tag.
Das kleine Mädchen,
das ich auf meinem Schulweg geküßt habe,
finde ich nicht mehr.

Ich höre von einem Emigranten,
der nach 27 Jahren heimkehrt.
Bei einer Zwischenlandung
weigert er sich,
für eine Stunde das Flugzeug zu verlassen.

»Wer weiß,
was alles passieren kann,
in einem fremden Land.«

Ich habe gesehen
tausend Hände,
die nach einem Flugblatt schreien.
Im Exil suchten wir
mit tausend Flugblättern
nach einer Hand.

Suchanzeige in einer Teheraner Tageszeitung vom
11. April 1979:
»Mein Bruder, obiges Bild, ist 1953 nach einer Demon-
stration verschwunden. Bitte um Nachricht von ihm.«

Die Revolution
erleichtert das Weinen.

Versammlung zur Solidarität mit Kurden, nachdem
Chomeini die kurdischen Städte bombardieren ließ.

8000 Sympathisanten
sitzen auf dem Boden der Basketballhalle.
DIE INTERNATIONALE
wird gesungen.
Die alte Frau neben mir,
tief in Schleier verhüllt,
erhebt sich mühsam mit uns:
»Ist das eines von UNSEREN Liedern?
Mein Sohn ist gefallen
gegen den Schah.«

Seltsam, Geliebte,
hier
weit und breit
kein Polizist.
Wo bleiben die Knüppel,
die uns so viele Jahre vertrieben haben?
Stimmt es, Geliebte,
daß Knüppel von sich aus nachwachsen?

Ein Freund wird verhaftet:
»Kollaboration mit dem Imperialismus.«
Er wurde festgenommen im Postamt,
während er telephonierte –
mit seiner amerikanischen Frau
in San Francisco.

Eine Tageszeitung veröffentlicht die Liste der verbote-
nen Wörter für Lyrik unter dem Schah-Regime: Rosen,
Freunde, Gefängnis, Genossen, Blut, Nacht, Eule, Richter,
Henker, Offizier, Polizist, Knüppel, Wache, Anemone,
Zaun, Morgenröte, Revolution, dialektischer Materia-
lismus, Freiheit...

Unverständlich nur
die Angst der Machthaber
vor Anemonen.

Immer noch
nimmt meine Stimme
den Flüsterton an,
wenn von Freiheit die Rede ist.

Geliebte,
die Menschen hier
fassen mich freundlich an,
wenn sie mich anlügen.
Sie tragen ihre Lügen –
          warm und fadenscheinig –
wie ihre Jacken
unbekümmert über den Schultern.

Auf der Suche nach
den Hinterhöfen meiner Kindheit
besuche ich meine letzten Gassen.
Nirgends steige ich aus dem Auto.
Die Kinder
auf den Gassen
haben neue Spiele.
Die Mütter
auf den Türschwellen
haben andere Zurufe.

Täglich
lese ich 8 Zeitungen und
kaufe noch mehr Bücher.
Die Bücher schicke ich
an meine Postfachadresse im Exil.
Noch sind die Briefmarken
mit dem Kopf des alten Diktators
geschmückt.

Eine Frau
kommt aus dem Exil

»Ich habe den Schah gehaßt –
aus zwei Gründen:

Die Sonne der Verbannung
war lauwarm

und

die Liebeswörter in der fremden Sprache
kratzten meine Ohren.«

Ein afghanischer Flüchtling
wird auf offener Straße gehängt –
von der aufgebrachten Masse.
Er hatte Trauben gestohlen
zu seinem Trockenbrot.

Zu Besuch

Auf dem Hausaltar,
wo früher der Schah thronte,
steht ein schlichtes Bild von Chomeini.
Die Häutung auf dem Altar,
der lautlose Wechsel der Götter
und mein armseliges Augurenlächeln.
Mein Gastgeber,
Ex-General der Armee,
geht zum Angriff über:

»Früher warst du gegen den Schah.
Heute bist du gegen Chomeini.
Bist du je FÜR jemand?«

Geliebte,
ich habe sie gefunden,
die blaugestrichene Holztür,
auf die wir gestoßen sind
am Ende einer Gasse in Rom.
Weißt du noch,
wie ich dich davor festhielt
und zitterte?
Weißt du noch?

Am Tage der Ausweisung des Schah von den Bahamas

Ein Bettler hält mich an
und verlangt seinen Groschen.
Er klopft mir auf die Schulter
und läßt sich mit mir
auf ein Lächeln ein:
»Stell dir vor,
der Schah hat heute Nacht
kein Dach über dem Kopf.«

Endlich die FAZ bekommen.
Wie viele Nachrichten,
die hier in keiner Zeitung stehen,
und wie wenig
sie mich jetzt angehen.

Mein Taxi fährt
am Bordell-Viertel vorbei.
Früher ein Stadtteil.
Heute eine Brandruine.
Die Gesellschaft wurde gereinigt.
So
eine vertriebene Hure:
»Unter dem Schah
konnten wir wenigstens
arbeiten.«

Ein Zeitungsfoto

Nach dem Sturz des Schah –
vor dem Zentralgefängnis von Teheran
warten Tausende auf ihre Nächsten.

Ein Vater trägt den Sohn auf den Schultern,
der Sohn hält in den Händen ein Plakat:
FREIHEIT

Ein Mann
wartet auf seine Frau.
Ein Sohn
wartet auf seine Mutter.
Und die Freiheit –
worauf wartet die Freiheit?

»VARTAN sagte nichts«

Armenischer Friedhof.
Jahrestag der Ermordung von Vartan Salachanian.
Tausende waren versammelt
an diesem schlichten Grab
mit dem alten Stein
und dem frisch gemeißelten Namen;
23 Jahre wartete der Stein
auf seinen Namen.

Als Vartan verhaftet wurde und schwieg,
setzten die Trabanten der Macht
eine Bohrmaschine an seinen Kopf,
um die Wahrheit herauszufinden –
»Vartan sagte nichts.«

Geliebte,
das Brot ist hier immer warm.
Die Menschen stehen Schlange
und schweigen nicht.
Politische Gegner bieten mir Zigaretten an
mitten in einem Streitgespräch,
und ich bin nie allein.
Ist das gut, Geliebte?

Die Zeitungen melden den Tod
eines berüchtigten Folterers der SAVAK.
Bei seiner Festnahme jagte er
sich eine Kugel in den Kopf.
Vier Monate dauerte
die Agonie.
Dann starb der Folterer.

*Für Safar Gharemani, der wegen eines politischen Delikts
vom Februar 1946 bis Oktober 1978 im Gefängnis saß.*

Fragen an einen Ex-Gefangenen

Was waren deine Abschiedsworte
an die Gefängniswärter?

Wie fühlte sich die Erde unter deinen Füßen an
außerhalb der Gefängnismauern?

Und die Passanten –
kannten sie noch die Adresse,
die du in der Hand hieltest?

Mit wem hast du die halbe Nacht geflüstert
über den geplanten Hungerstreik?

Konntest du überhaupt schlafen –
auf einem richtigen Bett?

Und am Morgen –
der alte Gefangenenstolz,
fertig sein, bevor die Wärter kommen?

Unter der Nachmittagssonne

Kinder
versuchen, dem humpelnden Hund
eine leere Büchse an den Schwanz zu binden.

Der Hund
versucht sich zu wehren.

Kinder
ohne Spielzeuge.

Ein Hund
ohne Herr.

Wie ruhig er dastand
an dieser Straßenecke.

Ich weiß noch,
wie er ausgewiesen wurde aus Indien
wegen Anti-Schah-Demonstrationen
und 3 Jahre in Frankfurt umherirrte.

Nun steht er
an dieser nächsten Ecke –
als wäre er
nie weggewesen.

»Wo warst du,
als wir die Revolution machten?«
Ich finde keinen,
der die Revolution nicht machte.
Der letzte Diktator
muß sehr einsam gewesen sein
38 Jahre lang.

Transparent vor der Universität von Teheran:
»Wir werden den Emigranten, die jetzt vom
Ausland heimkehren, nicht erlauben, die
Früchte unserer Revolution zu pflücken.«
Ayatollah Chomeini

Nichts ist gefährlicher,
als erschöpft am Ziel
anzukommen.
Hier wartet der Richter.

Geliebte,
auf diesen Straßen kann ich
nicht einmal Deine Hand halten.
Wie verspottet hier
die Liebe ist.
Wo ich sterbe,
ist meine Fremde.

Kurz vor der Rückkehr Chomeinis nach Teheran meldete
die Presse, im Vollmond spiegele sich das Gesicht des bei
Paris im Exil lebenden Ayatollah.

»Ich will heiraten…«
»Ich suche eine Wohnung…«
»Ich muß eine Arbeit finden…«
Neue Töne
für unsere Ohren
von unseren Mündern.
Der Mann im Mond
zwingt uns zum Leben.

Vor dem Außenministerium
eine geduldige Schlange
von afghanischen Flüchtlingen.
Sie begehren Aufenthaltserlaubnis.
Ein junger Revolutionsgardist
begradigt die Linie der Flüchtlinge
von Zeit zu Zeit
mit Fausthieben
und lacht über ihren Akzent.

Eine linksliberale Zeitung wird zum zweiten Mal
vom »Führer der Revolution« verdammt.
Die Zeitung stellt ihr Erscheinen vorläufig ein.
Die letzte Ausgabe erscheint ganz in Weiß.

Heute habe ich
die mutigste Zeitung meines Lebens
gelesen.

Ausflug mit einem Freund, der nie im Ausland war.

»Ja,
diese Berge sind schön und kahl,
meinst du,
und dann gehst du wieder
und kommst nach vielen Jahren
und die Berge sind
immer noch schön und kahl.«

Was ist geschehen mit meiner Stadt?

Der Flieder duftet
nicht wie früher.
Früher gingen die Menschen
einfach langsamer.
Und die Tauben –
sie sitzen nicht mehr auf dem Gehsteig.

Geliebte,
ich verschiebe meine Rückkehr
noch zwei Wochen.
Es ist schwierig, Abschied zu nehmen –
von dieser Stadt
von einer Jugendliebe
von diesem öffentlichen Ungeheuer.

Der Mann einer Freundin,
auch ein Fremder

Dem jungen französischen Matrosen
gefiel der Drill bei der Marine nicht.
Er ging an Land
und wurde Anarchist.
Seine Aquarelle verkaufte er
auf dem Montmartre.
Dort lernte er sie kennen,
und folgte ihr.
Nun liebt er hier,
gibt Französisch-Unterricht
und malt Aquarelle unter dem grünen Schwert des Islams.

Wir sitzen miteinander
und streiten uns
über Kropotkin
»Die Eroberung des Brotes.«

»Auch die Musik betäubt den Geist,
weil sie wie die Droge
Genuß und Ekstase verschafft.«
Ayatollah Chomeini

Ein Mann spielt Violine
auf dem Gehsteig
an der Hauptstraße.
Er spielt alte Melodien
für diese jungen Tage.
Mit dem Gesicht
steht er zur Wand.

Immer wieder
falle ich den Menschen auf –
                    als Fremder.

Woran liegt es?
An meinem Blick?
An meiner ungebügelten Hose?
Weil ich den Zeitungsverkäufer zuerst grüße?
Weil ich auch Frauen die Hand schütteln will?

Sind wir –
            die Heimkehrer –
eine eigene Rasse geworden?

Dein Schweigen nützt nichts
(in Gedanken an Dimitris Kutsomitopulos)

Geh fort!
Flüchte unter neue Arkaden,
wickle dich ein
in fremde Zeitungen,
und gib acht auf deine Hände!
Aber geh fort,
wenn dein Schweigen zu nichts gerinnt,
und der Stoff unserer Augen
für eine Verschwörung nicht reicht.

Weißt Du noch
meine ewige Antwort
auf Deine einzige Frage?
»Laß uns erst
mit dem Schah fertig werden –
dann sehen wir
weiter.«

Du hattest recht gehabt,
Geliebte.
Wir sahen nicht
weiter.

Von Händen und Mauern

Zu viele Mauern
tragen noch
ihre alten Parolen:
»Nieder mit dem Schah!«

Zu viele Hände
stecken noch
in den Hosentaschen.

Die letzte Nacht

Im Bett liegen und
daran denken müssen,
daß Wiedersehen traurig macht.

Der Morgen

Der Freund,
der mich zum Flughafen bringt,
schweigt.
Er weiß um die
schwierige Aufgabe meiner Augen:
Sich sattzuschauen
                für die nächsten Jahre.

Gespräch mit einer Blume

Was sagst du da, Heckenrose,
du willst nicht mit
in die fremde Erde?

So bleib du hier
mit der gefügigen Haut!

Vor dem Flughafengebäude

Letzter Blick auf diese Stadt.
Schon einmal
habe ich sie verlassen,
wie ein Mann,
der nur Zigaretten holt.
Emigrant ist,
wer länger bleibt.

Nichts nehme ich mit
von dieser Erde –
                der Zeugin meiner Geburt.
Nichts von diesem Vaterland,
außer dem Straßenschmutz
an den Schuhsohlen.

Der Abschied

Teheran!
Hinter meinen Pupillen wächst
die Bitterblume
in den Nächten des Exils,
die alle
Deinen Namen tragen.

Im Koffer

trage ich Geschenke
für deutsche Freunde.
Unnütze Souvenirs,
sorgfältig ausgesucht,
auf daß sie
mein Heimweh nicht erwecken.

Auf der Einstiegtreppe

Zwanzig Stufen
auf so einem Metallding führen
                in eine andere Welt.
Die Tür wird geschlossen
und wir steigen
                in die leere Luft.

Ein Blick aus dem Fenster

Die Salzwüste
              verlassen
                        unter der Sonne.
Diese roten Sandhügel,
wie sie wohl zurecht kommen
ohne mich.